Papa, J'suis pas con

par WILLIAM BAK

POUR TOUS LES PAPAS ET LES MAMANS DU MONDE QUI AIMENT LEURS FILS ET FILLES

par WILLIAM BAK

Droits d'auteur © 2021 WILLIAM BAK NGUYEN

ISBN: 978-1-989536-84-1

Publié par: Dr. BAK PUBLISHING COMPANY
Dr.BAK 1001

REMERCIEMENTS SPÉCIAUX
au Dr. BAK NGUYEN pour la chanson PAPA, J'SUIS PAS CON,
l'édition, la production et la publication de ce livre.

AVIS DE NON RESPONSABILITÉ

À PROPOS DE L'AUTEUR

Du Canada, **William Bak**, est un jeune prodige de 11 ans. À l'âge de 8 ans, il a co-écrit une série de livres pour enfants avec son père, le Dr Bak. Père et fils, ensembles, ils changent le monde, un esprit à la fois, en écrivant des livres pour enfants. William a, jusqu'à présent, co-écrit 28 livres.

Il a co-écrit les 11 livres de poulet en ANGLAIS, puis il a dû les traduire lui-même en FRANÇAIS. C'est ainsi qu'il a 22 livres de poulet. William a également co-écrit 2 livres sur l'éducation des enfants avec son père, **THE BOOK OF LEGENDS** volume 1 et 2. Le volume 3 est en cours d'écriture. En pleine crise sanitaire mondiale, William a de nouveau joint forces avec son père pour écrit un livre sur la vaccination, cette fois-ci encore, dans les 2 langues.

Pour promouvoir ses livres, William a embrassé la scène pour la première fois en 2019 pour parler à une foule de plus de 300 personnes. Depuis, il est apparu dans de nombreuses entrevues pour parler de ses livres et projets à venir.

Au milieu du COVID, il s'est ennuyé et a commencé son YOUTUBE CHANNEL: **GAMEBAK**, passant en revue les jeux vidéo. Fin 2020, il a rejoint les ALPHAS en tant que le plus jeune animateur du prochain mouvement mondial, **COVIDCONOMICS**, dans lequel il donnera son point de vue et accueillera les opinions de sa génération.

> "Je vais vous montrer. Je ne vais pas vous forcer.
> Mais je ne vous attendrai pas."
> - William Bak & Dr. Bak

En Écrivant avec son père, William détient des records du monde à officialiser:

- Le plus jeune auteur qui a écrit dans 2 langues
- Co-auteur de 8 livres en un mois
- Le premier enfant à avoir écrit 24 livres pour enfants

Papa, J'suis pas con

par WILLIAM BAK

TÉMOIGNAGES

"C'est de la bonne philosophie!"

Hong Chau Nguyen,
Grand-mère paternelle

C'est un grand honneur pour moi d'être à la fois la grand-mère et la mère de deux écrivains d'une même famille!

Je t'aime mon "petit Bak". Tu n'est pas CON du tout! C'est un bon ouvrage! La présentation est accueillante, l'épaisseur du livre et la grosseur des caractères d'imprimerie accueillent les gens, même ceux qui n'aiment pas lire.

Le titre est attirant "PAPA, J'SUIS PAS CON". Il éveille la curiosité des lecteurs qui désirent savoir ce qu'écrit cet auteur de 11 ans!

Franchement, *Bà* n'est pas capable de composer un livre comme toi! Je suis très fier de toi et de ton papa! Merci papa Bak et maman Tranie, vous m'avez donné ce petit-fils si beau et si talentueux!

Que Dieu te bénisse et te conduise au Collège Jean-Eudes selon tes souhaits! Je prie pour ton succès mon petit William!

Mes félicitations à vous deux.

Hong Chau Nguyen,
Grand-mère paternelle

PRÉFACE

par Dr. BAK NGUYEN

Je dois vous avouer à quel point je suis heureux et fier d'écrire cette préface pour le premier livre de William. Oui, il est mon fils, mais bien au-delà d'être mon fils, il est mon protégé et il s'est rapidement élevé par son talents et sa passion, d'apprenti à partenaire.

On a signé notre premier livre **LA LÉGENDE DU COEUR DE POULET** ensemble parce que je ne voulais pas briser ma promesse. On a marqué l'Histoire et les records mondiaux en tant que partenaires, sous le thème d'un amour de père et fils.

Depuis maintenant 3 ans, nous sommes co-auteurs. Ensemble, nous avons co-écrit 28 livres dont la plupart sont des livres pour enfants. Bien sûr, il a commencé par parler alors que je tapais.

Et puis, il a dû traduire ses phrases, mot à mot de l'anglais au français. J'étais à ses côtés pour taper, corriger et reformuler ses phrases. Peu à peu, il ne me restait qu'à taper.

Notre dernier livre de poulet, **POULET POUR TOUJOURS**, William l'a traduit seul devant son ordinateur. Oui, William a son propre ordinateur. Il ne me reste que la mise en page et la correction du livre. William a vraiment grandi pendant cette belle aventure qu'on partage.

J'en suis à l'approche de mon 4e anniversaire en tant qu'auteur. Pour souligner les célébrations, je suis à quelques jours de signer mon 100e livre, en 4 ans. Pour l'événement, William s'est lancé dans sa propre aventure, en écrivant son premier livre solo, à 11 ans. Quel parent n'en aurait pas les larmes aux yeux.

Tout l'été passé, William a écrit des revues de jeux vidéos de 300 mots en français. C'était pour lui sa façon de gagner du temps de jeux. Pour sa mère et moi, c'était notre façon de le préparer aux examens d'admission du secondaire.

Nous sommes maintenant et, depuis 1 an et demi, en plein temps de COVID et de confinement. Le moral des enfants est au plus bas. Je suis très heureux d'avoir trouvé une solution innovatrice et motivante pour garder William engagé.

Lors d'une entrevue *live* sur mes exploits et l'arrivée de mon 100e livre, William a rappelé comment nous avions commencé à écrire ensembles, en tant que co-auteurs. Il avait 7 ans, de l'arrière de la voiture, voilé par l'ombre de la nuit, il a dit vouloir écrire des livres quand il sera grand.

Un premier livre sur le **COEUR DE LION** et un autre sur comment être un **BON FILS**. Le **COEUR DE LION** est devenu l'idée derrière les **LIVRES DE POULET**. Le **BON FILS**, et bien, celui-là, on l'a oublié.

Après cette entrevue, on s'est tous les deux posés la question, pourquoi pas? Alors que je suis moi-même engagé dans l'écriture de mon 100e livre, **HOW TO BOOST YOUR CREATIVITY TO NEW HEIGHTS**, William a accepté le défi.

Ayant compris que ce serait des textes de plus ou moins 500 mots, William a tout de suite fait ses maths pour comprendre qu'avec 8 textes, il aura terminé son livre. Passer de 300 à 500 mots n'était pas un problème.

Écrire sur les jeux vidéos est amusant, mais il en a beaucoup à dire sur notre relation de père-fils. Si 8 textes est tout ce que cela prend, c'est un *deal* pour avoir son nom et son nom seul sur la page couverture.

C'était il y a 3 jours. Nous avons maintenant une page couverture, un titre, même une chanson pour célébrer la nouvelle aventure de William.

Je lui ai promis mon soutien et je serai présent en tant que producteur, éditeur et mentor. Cette fois-ci, l'auteur c'est lui: William Bak. Je lui ai donné un coup de pouce d'inspiration pour lancer le bal avec un nouveau titre: **PAPA, J'SUIS PAS CON** pour remplacer **LE BON FILS**.

On en a longuement rit ensemble. Voici la chanson **PAPA, J'SUIS PAS CON**, mon cadeau à William pour célébrer sa nouvelle aventure, sa promotion.

Papa, j'suis pas con

par Dr Bak Nguyen

Con, con, con
Papa, j'suis pas con

Je sais que je peux être bête
Mais c'est pas de ma faute
Je n'ai pas toujours toute ma tête
Non, papa, 'y a rien qui cloche

Tu es toujours sérieux
Mais es-tu vraiment heureux?

Tu me dis que j'ai un problème d'attitude
Et tous les jours, tu critiques mes habitudes

Je sais que tu m'aimes
Mais c'est moi qui te dis, je t'aime
Chaque jour, je dois manger de la laitue
Tu dis que je dois m'ouvrir, mais je suis vraiment perdu

Je fais tout mon possible pour te plaire
Mais sérieux, des fois j'ai besoin d'air

Papa, j'suis pas con
Papa, j'suis pas con. J'suis pas con, papa,
J'suis con, ok, juste cette fois

Papa, pourquoi tu n'es pas content
Je ne peux pas toujours dire des choses intelligentes
Et pour toi, j'ai mangé une balle dans la figure
Je fais de mon mieux, mais certains jours, c'est vraiment dur

Papa, j'suis pas con
Papa, j'suis pas con. J'suis pas con, papa,
J'suis con, ok, juste cette fois

Je dois aller me coucher
Mais je ne suis pas encore fatigué
Et pourtant je dois manger des carottes
Je suis un enfant et c'est toujours de ma faute

Papa tu es mon meilleur ami
Mais des jours, tu la rends vraiment difficile

Tu sais que je déteste les radis
Pour toi j'en mange, et j'ai l'air d'un imbécile

Papa, j'suis pas con
Papa, j'suis pas con. J'suis pas con, papa,
J'suis con, ok, juste cette fois

William, je suis si fier de toi. Tu n'as pas seulement conquis mon coeur, mais aussi mon respect et mon amitié. Sans plus tarder, je vous présente l'auteur, William Bak, mon ami et fils.

Ceci est **PAPA, J'SUIS PAS CON,** le premier livre solo de William Bak. Bienvenu(e) aux Alphas.

"Depuis que j'ai arrêté de dire non,
je ne suis plus con."
WILLIAM BAK

INTRODUCTION

PAR WILLIAM BAK

Salut je m'appelle William Bak et j'ai 11 ans. Dès l'âge de 8 ans, j'ai écrit beaucoup de livres avec mon père en tant que co-auteur. Je sais, ce n'est pas une histoire commune, mais j'ai vraiment écris des livres avec mon père.

Je me rappelle, comme si c'était hier, comment tout a commencé, la nuit que j'ai demandé à mon père d'écrire des livres avec lui. Mon père était très fatigué, il revenait du travail et il faisait déjà noir. J'étais assis à l'arrière de la voiture et je lui ai dis que quand je serai grand, moi aussi, je veux écrire des livres.

Lui et ma mère ont ri et m'ont demandé quels seraient les sujets de mes livres. **Le Coeur de Lion** et **Comment être un Bon Fils**, c'est ce que j'ai répondu.

Mon père a ri pour le reste du chemin. Il m'a donné sa parole.

Une année plus tard, il n'avait pas encore écrit de livre avec moi. Je lui ai redemandé la soirée où il venait de terminer un nouveau record mondial d'écrire 15 livres en 15 mois. Et moi, papa?

Ce n'était pas juste des livres que je voulais, mais je voulais qu'on passe plus de temps ensemble. Tu vois, mon père travaille fort, il travaille tout le temps. Quand on se voit, c'est pour me chercher, aller manger et aller dormir.

Je voulais vraiment avoir une connexion avec mon père que personne ne peut casser, sauf peut-être ma mère, mais elle ne ferait jamais ça, elle est ma mère après tout.

Une année après m'avoir donné sa parole, mon père a fini par commencer le premier livre de poulet avec moi. **La Légende du Coeur de Poulet**, **La Légende du Coeur de Lion** et finalement, La **Légende**

du Cœur de Dragon étaient nos 3 premiers livres ensembles. Oui, vous avez bien deviné, ce sont des livres pour enfants.

On s'est beaucoup amusé à trouver les histoires ensemble, surtout quand j'ai demandé à mon père: "Papa, si les dragons existent, pourquoi on n'en a jamais vus?" Mon père s'est gratté la tête avant de me conter la légende des dragons.

Pour la première fois depuis longtemps, on s'amusait ensemble à inventer les histoires de poulets, de lions et de dragons. On en a beaucoup rigolé ensemble.

Ma mère nous entendait rire et elle nous disait d'aller dormir parce que je devais me lever tôt pour l'école le lendemain. Je suis allé au lit. Demain, après l'école, je sais qu'on va rigoler encore plus ensemble, mon père et moi.

Un soir, en rentrant à la maison, mon père et ma mère n'étaient pas contents. Ils ont reçu mon bulletin et mes notes en français n'étaient pas bonnes… J'avais peur, je ne voulais pas que mon père me chicane. Il était fatigué, il m'a appelé et on a parlé..

Sans se fâcher, il m'a demandé comment faire pour m'améliorer. "Je ne sais pas." Je ne savais pas quoi dire d'autre. Mon père s'est encore gratté la tête. Il m'a demandé de traduire mes livres de l'anglais au français. Oui, j'ai oublié de vous dire, nos 3 premiers livres étaient en anglais.

J'ai dit oui. C'est dur de dire non à mon papa. Il était avec moi, il lisait la phrase en anglais et je devais la redire en français. Il m'a aidé un peu et on a fait 3 autres livres ensemble. Ce n'était pas trop difficile, tout ce que je devais faire c'était d'écouter les mots en anglais et de les redire en français. Mon père faisait le reste.

Un peu avant Noël, on avait terminé les 3 légendes, en anglais et en français. Mon père avait même fait les images, c'était vraiment beau, j'étais content. Mais le plus important, mon père était très content de moi!

Il m'a dit qu'on avait terminé nos livres. J'étais content, mais je ne voulais pas arrêter. Je ne voulais surtout pas perdre la connexion spéciale qu'on avait créés ensemble. Je lui ai dit que je voulais plus de livres!

Il était vraiment surpris et il m'a dit oui. C'est ma mère qui ne voulait pas qu'on *stresse* à écrire encore d'autres livres pendant les vacances de Noël. On devait aller à New York City et prendre un gros bateau pour aller au Soleil. J'adore les croisières!

Est-ce que c'est la fin de nos livres, papa? Maman va-t-elle vraiment briser notre connexion spéciale? Si vous voulez le savoir, lisez la suite de mon livre.

Je m'appelle William Bak, j'aime ma vie, j'aime mon père, j'aime ma mère. J'aime aussi mes quatre grands-parents et mes oncles et tantes.

Ceci est **PAPA, J'SUIS PAS CON,** le premier livre solo de William Bak. Bienvenu(e) aux Alphas.

"Depuis que j'ai arrêté de dire non,
je ne suis plus con."
WILLIAM BAK

CHAPITRE 1

"UN NOËL MAGIQUE"

par WILLIAM BAK

Oui, j'en voulais plus, plus de livres. Ce n'était pas juste pour les livres, mais c'est ce temps magique où on rigolait beaucoup que je ne voulais pas voir arrêter. Ce Noël allait vraiment être spécial.

Ma mère n'avait pas changé d'avis, elle ne voulait pas que mon père commence un nouveau livre. C'est drôle, avant de commencer à écrire des livres avec moi, il était très fatigué. Depuis, on a écrit 6 livres ensemble et mon père est content. Il n'était plus fatigué!

On s'est caché pour écrire le prochain livre. Je sais que je vais devoir le traduire en français aussi, alors, ce serait 2 nouveaux livres. Après que les poulets soient devenus des lions et les lions, des dragons, c'était maintenant les autres animaux qui voulaient devenir eux aussi, des dragons. **NOUS**

TOUS DRAGONS sera le nouveau livre, les nouveaux livres.

Je me souviens que mon père me prenait vraiment au sérieux. C'était la fin de la semaine et mon père m'a amené à sa compagnie, Mdex. On a pris le plus gros bureau, son bureau de *big-boss* pour travailler. Dans son bureau, il a un mur qu'on peut ouvrir et écrire dessus. C'était super cool, je pouvais écrire sur le mur!

On a fait ensemble le plan de l'histoire de **NOUS TOUS DRAGONS**. Mon père disait qu'il était vraiment content de faire cette réunion avec moi. Ma mère nous a rejoints et on a mangé ensemble. Elle a fait semblant qu'elle n'avait pas vu le plan du nouveau livre sur le mur.

Je me souviens que mon père avait fermé le mur avant qu'elle n'arrive. Je sais que ma mère le savait, elle n'a juste rien dit. Elle aime beaucoup mon père et elle m'aime encore plus! Oui, je suis son préféré!

C'était vraiment spécial, c'était la première fois que j'ai mangé dans le gros bureau de *big boss* de mon papa. C'était vraiment le meilleur Noël, un Noël magique! Après, on est allé au cinéma pour voir le nouveau Transformers, Bumblebee.

Le lendemain, quand je me suis réveillé, mon père était très excité. On s'est caché sous ma couverture et il m'a montré toutes les images du nouveau livre. Il a fait ça depuis hier! J'aime tellement mon père, le seul et unique Dr Bak.

On s'est souvent caché dans les prochains jours pour écrire les 8 chapitres de **NOUS TOUS DRAGONS**. On a fêté Noël, on a conduit vers New York City avec mes grands-parents. À New York, on a même tourné des vidéos pour parler de nos premiers 6 livres.

Cette année là, mon cadeau de Noël n'était pas des jouets. J'adore les Transformers et les jeux vidéos, mais cette année, mon cadeau était les 8 livres, de moi et mon père.

Le lendemain, on a pris le bateau et on est parti à Miami. Sur le bateau, mon père voulait voir la Statue de Liberté. On a fait le tour du bateau sous la pluie. Finalement, c'est de notre chambre que la Statue est apparue. C'était vraiment magique.

Bien sûr, mon père m'a demandé de faire une vidéo devant la Statue de Liberté. Je ne dis pas non à mon père.

Ce n'était que le début. Le reste du voyage était encore plus magique. Entre les sorties et les activités, mon père et moi, on a continué à écrire. On faisait attention pour ne pas attirer l'attention de ma mère.

À la dernière journée de l'année, il nous restait encore 4 chapitres à écrire en français. Mon père a dit à ma mère qu'on va rentrer dans la chambre après le déjeuner et qu'on va terminer le dernier livre avant la fin de l'année, la fin de la journée.

Depuis le début du voyage, c'était la première fois qu'on travaillait vraiment. J'étais ok avec ça, puisqu'on devait finir le dernier livre. Et bien, juste avant le dîner, on avait terminé! On a relaxé le reste de la journée.

Dans la soirée, il y avait une grande fête sur le bateau. Tout le monde criait et dansait. Nous aussi, on criait! On venait d'écrire 8 livres en 1 mois!

Mon père m'a serré dans ses bras et il m'a embrassé. Il m'a dit que je venais de faire au moins 2 records mondiaux. Lui en avait fait un avant qu'on écrive ensemble le mois dernier. Maintenant, on en avait 2 autres! J'aime ma vie! J'aime mon papa!

De retour à la maison, c'était encore la même histoire. Mon père m'a souri et m'a dit qu'on avait fini nos livres ensemble! Et en plus, l'école allait recommencer.

Les vacances et les livres, c'était trop top. Je ne voulais vraiment pas que ça s'arrête. Ce matin là, avant d'aller à l'école, j'ai dit à mon père que je voulais garder notre connexion. Il m'a regardé et m'a souri. Au fond de moi, je savais que c'était fini.

Ce fut une grande surprise, quand il est venu me chercher après l'école, il m'a dit que lui non plus, il ne voulait pas arrêter. On a continué à écrire d'autres livres de poulets. Mon père aime beaucoup les livres de poulet!

La Légende du Super Poulet, **Les 9 secrets du Poulet Intelligent** et **L'histoire du Poulet Rapide** sont les prochains livres qu'on a écrits, bien sûr, en français et en anglais. La magie était toujours là!

Et puis, un soir, alors que j'étais chez mes grands-parents et que je n'avais pas le droit de regarder mon iPad, j'ai désobéi. Quand mon père l'a su, il n'était pas content.

Au lieu de me chicaner, ça lui a donné une idée: **L'histoire du Caca de Poulet**. Il voulait faire ce livre pour me punir. Je me suis excusé et on a écrit ce livre ensemble. C'est le plus drôle des livres de Poulets. C'est mon préféré.

Le Caca de Poulet, au début je pensais que c'était une blague. Mon père aime rire, mais il ne fait jamais de blague. Il fait ce qu'il dit. Il est **LE Dr Bak**. Et voilà comment **L'histoire du Caca de Poulet** est devenu un vrai livre.

J'ai dit à mon père: "Papa, si tu es capable d'inventer un livre seulement en me regardant, ça veut dire que je ne suis pas si con que ça!

Ok, il y a des fois que je n'ai pas toute ma tête, mais quand je fais équipe avec mon père, on fait de la magie ensemble. J'ai 8 ans et j'ai écrit plusieurs livres avec mon père.

Après les vacances du printemps, je vais parler à des centaines de personnes et leur partager mon expérience d'auteur, un auteur de 8 ans. Ma vie est super cool et pleine de surprises. J'adore ma vie! J'adore mon père!

Je m'appelle William Bak, j'aime ma vie, j'aime mon père, j'aime ma mère. J'aime aussi mes quatre grands-parents et mes oncles et tantes.

Ceci est **PAPA, J'SUIS PAS CON,** le premier livre solo de William Bak. Bienvenu(e) aux Alphas.

"Depuis que j'ai arrêté de dire non,
je ne suis plus con."
WILLIAM BAK

CHAPITRE 2

"TOUT CE QUE JE DÉTESTE"

par WILLIAM BAK

Je me rappelle les jours où je devais traduire seul mes livres de poulet. La première fois, mon père m'a acheté un cahier et un crayon et il m'a fait écrire seul! J'ai détesté! C'était comme aller à l'école pendant que j'étais en congé.

J'ai passé une partie de l'été à traduire **POURQUOI LES POULETS NE RÊVENT PAS**. C'était long, ennuyeux et pénible. On était loin, très loin de ce Noël magique! Je préfère de loin écrire sur mon ordinateur portable.

Je déteste quand mon père me dit ce que je dois et ne dois pas faire! Surtout quand il me dit de faire ce que je n'aime pas!

Le pire, c'est que ce n'est pas terminé après que j'ai traduit et écrit tous les mots du livre. Je dois encore m'asseoir avec mon père pour qu'il corrige mes textes. Je dois être là, faire semblant d'être intéressé, alors que je suis fatigué. Je dois faire semblant d'avoir appris quelque chose de nouveau.

En réalité, je ne comprends plus rien. Après qu'il m'ait demandé de traduire le livre en écrivant dans mon cahier, j'avais déconnecté. Pour moi, la magie était partie.

J'aime beaucoup mon père. Il me gâte beaucoup et surtout, il m'encourage. C'était super quand on écrivait ensemble. Mais des fois, il oublie que je ne suis encore qu'un enfant de 9 ans (oui, je venais d'avoir 9 ans) et il me demande d'être sérieux trop longtemps. Les poulets, je n'en pouvais plus, mais je n'osais pas le lui dire.

À chaque fois que j'étais sur le point de me plaindre, il me récompensait avec des nouveaux jouets, des nouveaux Transformers. Des transformers pour des poulets? Je ne sais plus, c'est trop difficile! C'est pour cette raison que j'aime mon père et qu'il m'énerve en même temps!

Certains jours, il m'arrive d'avoir une certaine attitude. À chaque fois, ce n'est pas long avant que mon père me dit de changer d'attitude. Il pouvait juste m'envoyer dans ma chambre comme tous les autres pères, mais non, il me demande de m'asseoir avec lui et il me regarde jusqu'à ce que je parle! Cette attitude-là de mon père, je déteste!!!

Des fois, on dirait qu'il a juste un problème avec ma face! Papa, je n'ai rien contre toi, c'est juste que je n'aime pas ton idée, mais pas du tout! J'ai le droit, non?

Ce chapitre a pour sujet **TOUT CE QUE JE DÉTESTE DE MON PÈRE**. Alors que j'ai tellement ri quand j'ai su que j'allais pouvoir dire tout ce que je n'aime pas de mon père, c'est beaucoup plus difficile que je ne le pensais.

Après 30 minutes, j'ai seulement 146 des 500 mots du chapitre! Je n'ai pas beaucoup de mauvaises choses à dire de mon père alors que je pensais que j'en aurais des tonnes. J'aime mon papa. Il est LE Dr Bak, le seul et unique!

Lui, je l'aime. Ces idées, pas toutes! Je vous dis la vérité, je vous le jure. Vous savez pourquoi c'est si difficile de parler contre mon père? C'est parce qu'il me laisse beaucoup de liberté, au point de me laisser écrire un livre tout seul!

Oui, c'est moi qui ait choisi d'écrire ce livre. C'est moi qui en ait eue l'idée et c'est mon nom seul qui sera sur la page couverture. Mon père m'a promis de m'aider avec la correction et en faire un livre papier. Ça, je n'y comprends rien, c'est son truc à lui.

Il me laisse la liberté de faire mes choix. Ça, j'aime beaucoup. Ce que je n'aime pas c'est quand il me demande pourquoi j'ai fait ce choix là et que je dois défendre mes choix et mes actions. Ça, ça m'énerve. Je n'aime pas son attitude… mais au fond, c'est que je n'avais rien d'intelligent à dire…

À chaque fois, ça ne lui prend que quelques minutes pour me poser la bonne question pour me mettre dans l'embarras! C'est vraiment comme s'il faisait exprès pour que j'ai l'air d'un idiot! Il n'est pas un mauvais parent, mais il peut être dur des fois.

À oui, autre chose que je n'aime pas avec mon père, c'est de devoir toujours demander la permission pour jouer aux jeux vidéos. Je comprends que je dois faire mes devoirs avant, mais après, même quand j'ai tout fini mes travaux, j'ai peur de lui demander la permission et qu'il dise non.

Au fait, il ne me dit pas non. Il me demande ce que j'ai fait pour mériter de jouer! Et ça, ça m'énerve encore plus! Alors que je m'y attendais le moins, il m'a acheté un **PLAYSTATION 5** avec l'abonnement de **PS NOW**! Comment ne pas l'aimer?

Avant que je ne puisse lui dire merci mille fois comme j'aurais aimé le faire, il me pose une des ses fameuses questions...

C'est comme ça qu'il m'a poussé à faire des revues de jeux vidéos sur mon YOU TUBE channel et aussi, des articles écrits de 300 mots, en français, que je publie sur MEDIUM.com. You Tube c'est pour les vidéos et MEDIUM, c'est pour les textes.

Je sais qu'il veut que je m'améliore. Je sais qu'il m'aime beaucoup et qu'il fait tout son possible pour m'encourager. Je lui dis souvent merci, mais avec ses fameuses questions, il y a des jours où c'est vraiment difficile! Comme dans la chanson, j'ai besoin d'air! Papa, j'suis pas con!

Ce n'est pas tout. Ce que je déteste avec mon père c'est qu'à chaque fois qu'il fait quelque chose, il veut toujours que je sois là. Oui, il me laisse le choix, mais si je lui dis non, il boude avec sa face de bébé...

Oui, Dr Bak a aussi une face de bébé lala! Il me boude jusqu'à ce que je me sente mal. Je finis toujours par lui dire oui! Lui, il a le droit d'avoir une attitude de bébé, mais pas moi! Ce n'est pas juste!!!

Ce n'est pas tout. Chaque fois que je dis quelque chose, je dois toujours faire attention à ce que je dis. Je ne peux pas toujours dire des choses intelligentes, je ne suis encore qu'un enfant après tout.

Dès que je dis une stupidité, une seule, mon père va me chicaner, ou pire, il va me poser des questions… Je préfère me faire chicaner!

Mon père dit que je devrais dire à mes amis que j'écris des livres. Pour lui, c'est une question de confiance et de fierté. Je ne suis pas sûr de faire la différence entre les deux… mais ce n'est pas important.

L'important c'est que les livres coûtent de l'argent et je ne veux pas que mes amis se sentent obliger d'acheter mes livres! Comme moi, ils sont de la nouvelle génération, ce n'est pas tout le monde qui aime lire des livres!

Vous penser que c'est tout? Pas encore. Mon père veut toujours que les gens soient à sa vitesse. Lui, il est le Dr Bak, il est vraiment intelligent et il va très, très vite. Ce n'est pas tout le monde qui peut aller à sa vitesse!

Je suis son fils et j'arrive à le suivre, même à le battre des fois, mais je ne peux pas faire ça à tous les jours? Lui, il n'arrête jamais. Je ne sais pas quoi dire, c'est son droit, mais ça aussi, ça m'énerve!

Il ne le dit pas, mais je sais qu'il s'attend toujours à ce que les choses soient parfaites. Parfaites et vites! Il doit comprendre qu'on n'est pas tous fait comme lui. C'est pour cette raison que je dis LE Dr Bak, le seul et unique.

Il travaille toujours et il n'a jamais le temps de prends du repos ou même de jouer aux jeux vidéos. Il n'a même pas le temps de regarder la télé. Le seul temps qu'il regarde la télé (iPad) c'est en mangeant avec moi ou en éditant ses livres à son bureau. Je dis regarder, il met la télé juste pour le son.

La seule façon pour nous de connecter est de faire des livres ou de tourner des vidéos. Moi, je ne veux que jouer aux jeux vidéos, avec lui ou avec mes amis! J'ai 11 ans!

Papa tu es mon meilleur ami et je ne te déteste pas. Des fois, tu rends la vie difficile et compliquée, mais je vais toujours t'aimer. Finalement, j'avais plus de choses à dire que je ne le pensais.

Je m'appelle William Bak, j'aime ma vie, j'aime mon père, j'aime ma mère. J'aime aussi mes quatre grands-parents et mes oncles et tantes.

Ceci est **PAPA, J'SUIS PAS CON**, le premier livre solo de William Bak. Bienvenu(e) aux Alphas.

"Depuis que j'ai arrêté de dire non,
je ne suis plus con."

WILLIAM BAK

CHAPITRE 3
"NON"
par WILLIAM BAK

NON est un mot que j'utilise beaucoup. Je ne sais pas pourquoi, mais **NON** est un mot qui sort de ma bouche facilement. Un jour, mon père m'a demandé si j'aimais dire non. J'ai répondu **OUI**. Alors, il a commencé à me dire **NON**, mais tout le temps. C'est alors que je me suis rendu compte à quel point je préfère **OUI** à **NON**.

En fait, j'aime dire non, mais je veux entendre oui. Mon père dit que cela n'a pas de sens. Si je lui dis **NON**, il va me répondre par **NON** aussi. Si je dis **OUI**, il va en faire autant.

Maintenant, vous comprenez pourquoi c'est dure de dire **NON** à mon père. Si je lui dis **NON**, il va dire **NON** à tout ce que je demande. Alors, je dis **OUI**.

Ça, c'est l'idée, mais c'est beaucoup plus difficile à faire qu'à dire. Le meilleur exemple que je peux vous donner est sur la nourriture. J'aime manger certaines choses comme des oeufs, du riz et du poulet. Ça, je pourrais en manger à tous les jours.

Il y a d'autres choses comme les radis et la salade que je n'aime pas. J'ai essayé, mais je n'aime vraiment pas le goût. Et bien qu'est-ce que je dis quand mon père me présente de la salade? C'est **OUI** ou **NON**?

Je sais ce que je veux dire, mais la réponse de mon père quand je vais lui demander une faveur (exemple jouer aux jeux vidéos) sera la même que celle que j'aurais donnée plus tôt. Il y a des jours où mon père m'énerve vraiment!

Habituellement, quand on est à la maison, ce n'est pas si mal. Je mange ce que j'aime. Mes parents et grands-parents cuisinent ce que j'aime manger. Le problème de dire **OUI** arrive souvent en voyage.

Mes parents aiment voyager, surtout ma mère. Et bien, quand on voyage, tout change. Mes parents ne cuisinent pas et on mange souvent au restaurant. Et bien, c'est là que les choses se compliquent. Je vais demander de manger chez McDonald et mon père va dire **OUI**.

Après quand on est dans un autre restaurant (parce que ma mère ne mange pas du McDonald) et bien mes parents vont me demander d'essayer de manger des choses que je n'ai jamais vues avant. Et c'est là que je suis piégé!

Si je dis **OUI**, je suis obligé de manger. Si je dis **NON**, comme j'aimerai le dire, et bien la prochaine fois que j'aurai faim, mon père va dire **NON** à McDonald.

Chaque fois que je dis **NON**, ma vie se complique. Chaque fois que je dis **OUI**, je dois essayer des nouveaux trucs et c'est encore plus compliqué! Mon père appelle ça être ouvert. Et bien, j'essaie d'être ouvert, mais c'est beaucoup plus difficile que c'est facile.

Ce que j'essaie de dire c'est que dire **OUI**, c'est pas toujours bien. Il y a bien des fois où jai regretté d'avoir mangé un aliment. À chaque fois, mon père rit et il me dit, "C'est bon William, au moins, maintenant, tu sais que tu n'aimes pas ça!" Il est drôle lui, je savais ça avant d'essayer!

D'autres fois, goûter à quelque chose d'inconnue, je découvre des nouvelles saveurs que j'adore. Manger des pitas et des tacos sont mes plus récentes découvertes.

Dans les livres, on dit souvent de s'ouvrir la tête et le coeur. Et bien, mon père dit que le plus facile à ouvrir dans ma tête, c'est ma bouche. Je ne suis pas sûr que je suis d'accord avec ce qu'il dit... mais je n'ai souvent pas de choix réels... sans devoir faire face aux conséquences. Ça c'était moi, plus petit.

Dernièrement, un show de télé a changé ma vision. Je parle de Hell's Kitchen avec chef Gordon Ramsay. J'aime beaucoup le show parce qu'il est divertissant. Mon père et moi, on regarde Gordon Ramsay quand on mange. Lui aussi, il aime le show.

Et bien, après un été à regarder Gordon Ramsay cuisiner et renvoyer les autres chefs, mon père et moi avons compris beaucoup de choses sur la nourriture et sur la cuisine. Jusqu'à récemment, la cuisine, c'était le domaine de ma mère.

Et bien, depuis chef Gordon Ramsay, mon père a commencé à cuisiner de bonnes choses à manger. Ça, c'est surprenant! Depuis, je suis aussi plus ouvert à essayer de nouveaux plats, surtout quand j'ai entendu souvent les noms Risotto et Beef Wellington! Je dois essayer ces 2 plats un jour!

Depuis Gordon Ramsay, je suis beaucoup plus ouvert à essayer de nouvelles choses. Être ouvert commence peut-être avec la nourriture, mais c'est beaucoup plus large que ça. Quand je commence à dire **OUI**, je continue à dire **OUI**.

C'est vrai aussi pour **NON**, quand je commence à dire **NON**, je dis **NON** plus souvent et, par conséquent, j'entends aussi des **NONS** plus souvent. Sur ce sujet, je suis très content d'avoir découvert chef Ramsay et Hell's Kitchen.

"Il a ouvert ma bouche… et ma tête et mon coeur ont continué à s'ouvrir."
William Bak

Revenons aux voyages. J'aime voyager avec mes parents. Avant, il y avait ce problème de nourriture. Depuis que j'ai découvert chef Gordon Ramsay, c'est plus facile. Je dis **OUI** pour essayer et si je n'aime pas, et bien je le dis aussi. Mes parents ne me forcent pas à manger les choses que je n'aime pas.

Mais en voyage, jai un autre problème. Souvent, en voyage je veux rester à l'hôtel. C'est beau et c'est confortable. Mais le but de voyager est d'explorer la ville et le monde! Ça, mes parents me l'ont dit souvent. J'essaie de mon mieux de les suivre… mais si on me donne le choix, je veux rester à l'hôtel!

La vérité c'est que je suis souvent trop paresseux pour sortir, marcher et essayer de la nourriture que je n'ai jamais vue avant. Enfin, ça fait parti de la vie de voyage. J'ai appris à changer avec les années.

Comme je disais, le mot **NON** est un mot que j'aime dire, mais que je n'aime pas entendre. Mon père, pour se changer lui-même a dit **OUI** à tout pendant plus d'une année! Je ne sais pas comment il a fait, mais je l'aimais beaucoup plus alors qu'il disait oui à tout! Cette année-là était vraiment cool pour moi!

Je lui ai demandé des trucs, mais je n'ai jamais abusé de sa gentillesse, il est mon père après tout et je l'aime beaucoup. Ce qu'il a appris cette année-là, il me l'a transmis, surtout quand il dit **OUI** quand je dis **OUI** et **NON** quand je dis **NON**. La preuve? Ne suis-je pas entrain d'écrire mon premier livre en solo?

Je sais que ça n'aide pas mon père, mais je sais aussi que mon père est très fier de moi. Il me l'a dit. Il m'a dit que le plus gros cadeau qu'il a reçu pour fêter son record mondial de 100 livres, c'est moi qui lui ai donné, en écrivant mon premier livre en solo!

Il doit encore le corriger et faire le livre papier combo livre audio, mais il est si content! Mon père peut être bizarre des fois. Moi, j'aurais fêté en jouant au **PLAYSTATION** avec mes amis! Je respecte son choix! Et en plus, il dit qu'il est paresseux! Je n'y comprends plus rien. Merci papa!

Mon plus grand problème avec le mot **OUI** était sur la nourriture. Maintenant, ça, c'est réglé. Je ne suis pas comme mon père. Je ne peux pas dire **OUI** à tout. Dans mon opinion, on a le droit de dire **OUI** ou **NON**, il faut juste dire pourquoi!

J'ai dit ça un jour à mon père. Il m'a dit ok. Je pensais que j'avais gagné! Ce soir là, quand je lui ai demandé de jouer aux jeux vidéos, il m'a demandé **POURQUOI**?

"POURQUOI et NON sont la même chose.
NON est plus rapide, c'est tout!"
William Bak

Cela a mis fin à mes explorations sur les **POURQUOI**s et les explications. C'est **OUI** et j'essaie en espérant aimer ou c'est **NON** et je me referme.

Je n'ai peut-être que 11 ans, mais je peux vous dire que chaque fois que je me suis refermé, je l'ai regretté. Mon père est bon pour faire ça! Je vous l'ai dit, j'aime beaucoup mon père, mais des fois, il m'énerve!

Je m'appelle William Bak, j'aime ma vie, j'aime mon père, j'aime ma mère. J'aime aussi mes quatre grands-parents et mes oncles et tantes.

Ceci est **PAPA, J'SUIS PAS CON,** le premier livre solo de William Bak. Bienvenu(e) aux Alphas.

"Depuis que j'ai arrêté de dire non,
je ne suis plus con."
WILLIAM BAK

CHAPITRE 4

"CON"

par WILLIAM BAK

La raison pour laquelle mon père dit que je suis con, c'est parce que j'ai souvent des ratés, surtout à l'école en français. Je ne suis pas bon. Tout petit, j'ai regardé **NETFLIX** et **YOU TUBE** en anglais et c'est comme ça que j'ai appris à parler et à écouter.

Puis, à l'école, on m'a appris le français. Le français, ce n'est pas du tout comme l'anglais. En plus de devoir trouver le bon mot, les verbes sont souvent inversés. En anglais je dis "I am hungry." alors qu'en français c'est "J'ai faim."

En plus il y a le sexe! Non, pas sexe, mais le genre des mots, comme masculin et féminin. Ça me mélange beaucoup. J'ai travaillé très fort et j'ai fini par comprendre et parler le français en plus de l'anglais.

Je comprends, mais je ne suis pas le meilleur, loin de là. C'est pour ça que j'ai plus de misère à l'école, surtout en français.

Même si j'ai écrit beaucoup de livres avec mon père, je fais encore des fautes, en français et en anglais. Une chance que mon père est là pour les corriger. Je fais beaucoup de fautes, mais j'en fais moins qu'au début. Je m'améliore. Je fais des fautes, ça ne fait pas de moi un con!

J'ai de la misère, mais je fais aussi beaucoup d'efforts. Écrire ce livre est ma façon de dire à mon père que je ne suis pas con. En fait, c'est pour lui dire que je peux le battre à son propre jeu et aussi, pour avoir un 29e livre, mon premier en solo.

Je vais battre mon père, le Dr Bak, le record du monde en écriture qui a écrit son premier livre en 14 jours. Si je finis le miens en 9 jours, je serais meilleur que lui.

Ok, j'ai l'aide de mon père qui m'aide à trouver les sujets de mes chapitres, qui a trouvé un titre qui fait rire et qui a fait la page couverture avec mon nom. Il corrige aussi mes textes, fait le livre audio et le livre papier.

Dernièrement, il aime tellement mon livre qu'il parle d'en faire un film audio, un **U.A.X.** pour Apple Musique et Spotify, comme ça tout le monde pourra écouter mon histoire!

Et oui, c'est mon histoire et c'est moi qui l'a écrite. En corrigeant, mon père s'assure que c'est parfait et sans faute. Il ajoute aussi des détails que des fois, j'ai oubliés. Je vous avais dit que mon père m'encourage beaucoup. Il me supporte, mais c'est moi qui écris le livre, ça je vous le promets! Merci papa!

Je suis encore un enfant avec de la difficulté en lecture et en écriture en français. Ça ne m'arrête pas pour écrire mes chapitres, les uns après les autres. Je sais que je fais des fautes, c'est pour ça que mon père est là pour m'aider.

Dans mes premiers livres, les livres de poulets, j'ai appris que pour devenir un lion et un dragon, le poulet doit ouvrir sa tête et son coeur. Si un poulet s'ouvre la tête sans jamais ouvrir son coeur, il ne devient pas un coeur de lion, il devient un **Super Poulet**!

Les Supers Poulets sont forts et intelligents, mais ils ne peuvent toujours pas voler. Ça, je l'ai bien compris en traduisant **POURQUOI LES POULETS NE RÊVENT PAS**.

C'est peut-être des histoires de poulets, mais moi, je veux *voler*. Ce que j'ai appris en écrivant des livres de poulets avec mon père c'est de toujours s'ouvrir, la tête et le coeur pour grandir. L'anglais, le français, les fautes, c'est dans ma tête.

Mon histoire, c'est dans mon coeur. Et c'est pour ça que c'est mon histoire, mon livre avec mon nom. Mais, un gros merci papa, sans toi, je ne pourrais pas te battre! Ça, je tiens que tout le monde sache l'aide que tu me donnes.

J'écris des chapitres de 500 mots environ. Après la correction, souvent, mon père écrit les mots qui manquent pour faire que l'histoire soit meilleure et plus complète. Je sais que 500 mots ce n'est pas beaucoup, mais je viens juste de commencer la 6e année.

J'ai un horaire très chargé entre l'école, le soccer (oui, je joue dans l'équipe de soccer du quartier) et la piscine avec le club ou avec mon père depuis le COVID.

J'ai mes devoirs et ma préparation pour les examens d'admission du secondaire. Écrire un chapitre de 500 mots par jour n'est pas aussi simple que cela puisse paraître. Mais je vais y arriver, je vais battre mon père à écrire mon premier livre plus rapidement que lui.

Il m'a dit que ça lui a pris plus de 2 années avant que son livre ne soit publié et imprimé par Amazon et Apple Books. Avec son aide, le mien sera disponible en format combo en moins de 2 semaines.

Je vais battre mon père à son propre jeux, comme je le fais maintenant dans la piscine. Et c'est mon père qui m'encourage à le battre! Il est mon coach!

Dès l'âge de 7 ans, j'ai commencé à faire des vidéos pour You Tube et Instagram et Facebook. Je dis tout le temps que je vais battre mon père un jour. Regarde-moi aujourd'hui, je suis en train de le battre de 5 jours dans ses records mondiaux.

En une journée, il y a 24 heures. Ça veut dire 24 X 5 = 120 heures! D'ici quelques jours, j'aurai touché la ligne d'arrivée 120 heures avant mon père, pour mon premier livre solo.

Si on était aux Jeux Olympiques, tu te rends compte de combien de temps les gens devraient attendre avant de le voir arrivé après moi? Tu vois Papa, je ne suis pas si con que ça!

Je m'améliore en français, en lecture et en écriture. En anglais, je suis bon déjà et je m'améliore aussi! Je m'améliore à chaque jour; jour après jour, je deviens moins con que je l'étais hier. C'est bon, non?

Avant je ne connaissais pas mes tables de multiplication. J'ai appris à faire des multiplications et des divisions avec l'aide de mes professeurs. Maintenant, je sais comment multiplier 24 X 5. 120 heures d'avance sur toi! Ça, c'est une histoire que je vais conter longtemps! Je t'aime papa!

Papa, ce que j'essaie de te dire c'est que je ne suis pas con. Je sais que c'est juste le titre du livre, mais ça me fait mal quand tu dis que je suis con ou que je suis stupide.

Ça fait mal parce que tu es entrain de dire que tous mes efforts, mes travaux, mes devoirs sont inutiles, que mon temps, je l'ai juste perdu et gaspillé alors qu'en réalité, je travaille à être meilleur qu'hier, à tous les jours.

Mon père ne me fait pas mal du tout, je vous le promets. Je suis juste entrain d'écrire ce que je sens, il est un très bon père. Mon message est comme *Pokémon*. Mon père est comme un entraineur dans *Pokémon* et moi, je suis un *Pokémon* entrain d'évoluer, c'est tout.

Je m'appelle William Bak, j'aime ma vie, j'aime mon père, j'aime ma mère. J'aime aussi mes quatre grands-parents et mes oncles et tantes.

Ceci est **PAPA, J'SUIS PAS CON**, le premier livre solo de William Bak. Bienvenu(e) aux Alphas.

"Depuis que j'ai arrêté de dire non,
je ne suis plus con."
WILLIAM BAK

CHAPITRE 5

"TOUT EST DEVENU NOIR"

par WILLIAM BAK

Qu'est-ce qui est arrivé après mes premiers records mondiaux? À 8 ans, je suis devenu un champion. J'ai écrit des livres pour enfants et je suis monté sur la scène pour parler à plus de 300 personnes. Et quand j'ai eu 9 ans… et bien, mon père a dit que tout est devenu noir!

J'ai arrêté d'écrire des livres pendant plus d'un an. Tu veux savoir pourquoi? Tu veux savoir pourquoi mon père appelle l'année de mes 9 ans la **période noire**? Et bien, voici l'histoire.

En fait, il y a eu plus d'une **périodes noires**. En temps de COVID, alors qu'on n'a pas eu d'école pendant 3 mois, je suis devenu accro à un jeu vidéo du nom de FORNITE. Je suis sûr que vous avez déjà entendu le nom FORNITE, c'est un des jeux les plus populaires de la planète!

Je jouais à chaque jour comme s'il n'y avait rien d'autre à faire. On était en confinement et tout le monde devait rester à la maison. Mais parents étaient occupés à s'ajuster et à travailler de la maison. Moi, ils m'ont laissé libre… à m'occuper moi-même.

Mon français a cessé de s'améliorer. J'ai quand même regardé les clips vidéos des professeurs sur You Tube, une heure par jour, mais ça n'a pas aidé. En COVID, je devais marcher une heure par jour avec mon père pour avoir le droit de jouer aux jeux vidéos.

Même ça, ça a mal tourné! Un jour, je me suis chicané avec mon père qui ne voulait me donner qu'une heure de jeux par heure de marche! Mon père peut vraiment m'énerver des fois! Il disait et dit toujours que je dois mériter ce que je veux.

Et bien, j'aimais tellement jouer à FORNITE que je jouais en cachette quand mes parents étaient sortis ou occupés à travailler. Mon père l'a su et il était vraiment en colère. Il m'a laissé une chance, mais je ne pouvais pas résister, et j'ai continué à jouer en cachette.

J'ai détruit la confiance qu'il m'avait donnée. Ça n'a pas prit beaucoup de temps pour qu'il sache que je trichais encore. J'avais honte de moi. J'ai détruit la confiance et la connexion magique que je partageais avec mon père.

J'ai décidé de guérir et de faire mieux. J'ai demandé pardon à mon père et j'ai arrêté de jouer à FORNITE. Mon père m'a serré dans ses bras.

On a recommencé à nager ensemble, à tous les jours, avec l'arrivée de l'été. En quelques jours, on avait rétabli notre connexion magique. Je me sentais beaucoup mieux, avec son amour, la magie et notre connexion.

J'ai une tutrice, Anna. Elle vient à la maison pour m'aider dans mes études. En COVID, c'était par Zoom ou TEAMS, mais maintenant, elle vient à la maison. Je préfère ça.

Anna m'aide beaucoup avec les conjugaisons, spécialement le passé composé. Elle m'aide, mais elle joue aussi avec moi. Nous sommes devenus des amis, pas par internet, mais en vrai!

Pendant le COVID, mon père a créé **Les Alphas**. Ceux sont des personnes importantes qui aident les autres en ces temps difficiles. Mon père a aussi créé **COVIDCONOMICS**, les livres et émissions dans lesquels ils partagent avec Les Alphas comment changer le monde après le COVID.

Et bien, tu sais quoi? J'en fais parti. J'ai participé à des émissions de **COVIDCONOMICS** où j'ai donné mon avis sur le monde et comment on peut l'améliorer. Moi aussi, je suis un Alpha!

Mon père m'a permis de rejouer à FORNITE, mais maintenant, je suis en contrôle. Je joue pour une heure ou 2 et j'arrête. Il y a d'autres choses dans la vie que FORNITE. Ça, je l'ai appris de mes erreurs.

Je suis un **ALPHA** et je ne laisserai pas un jeu vidéo détruire la magie que je partage avec mon père, le Dr Bak!

Ça, c'est la 2e période noire, la pire. Mais il y en a eue une autre avant. Tout a commencé quand mes parents ont encore reçu des mauvaises nouvelles: mon bulletin!

C'était avant le COVID. Mes notes en français ne s'amélioraient pas assez. Mon père se grattait la tête, il n'était pas content. J'avais peur, je ne savais pas quoi dire. C'était ma faute.

Il a eu une idée en me regardant. Oui, ça lui arrive souvent d'avoir des idées en me regardant. Cette idée là, ce n'était pas une bonne idée, mais pas du tout! Je l'ai détestée, pas lui, son idée!

Il m'a amené au magasin de livres, le magasin géant, INDIGO. Lui et ma mère adorent ce magasin. Il y a le café Starbuck pour ma mère et les livres pour mon père. Moi, j'aime la section des jouets. Cette fois, il m'a amené dans la section des livres, pas des livres écrits, mais celle des cahiers.

Je ne comprenais pas. Il m'a laissé choisir un beau cahier, un avec une belle couverture en cuir, comme les livres anciens dans les films. J'étais super excité et j'ai choisi mon livre. Je ne comprenais pas pourquoi il venait de m'acheter un cadeau… cela n'avait rien d'un cadeau, ça, je l'ai compris dans la voiture.

Si la couverture était en cuir et superbe, l'intérieur était vide, rempli de pages blanches. Sur le chemin du retour, il me dit que c'était maintenant ma responsabilité de remplir les pages blanches.

Je devais commencer par traduire notre nouveau livre de poulet, **WHY CHICKEN CAN'T DREAM**. Le truc c'est que cette fois, je devais le faire tout seul, je devais écrire dans mon nouveau livre aux pages blanches.

J'ai pris plus de 2 mois pour traduire ce livre que j'ai appris à détester. Ça m'a traumatisé. La seule chose de bien qui est arrivée, c'est quand j'ai montré mon cahier au mentor de mon père. Il était impressionné! Autre que cette joie qui a duré une soirée, j'ai détesté l'expérience.

Je l'ai fait, je l'ai finie, mais à chaque fois que je pense maintenant à écrire un nouveau livre, c'est l'idée du livre de cuir qui me hante. C'est pour cette raison que j'ai arrêté d'écrire des livres pendant une année avec mon père.

On a fait d'autres livres de poulets, mais après cette pause d'une année, ce n'était plus la même chose. La magie n'était plus là. Je n'aime pas écrire dans un cahier, c'est trop comme aller à l'école.

Écrire sur un ordinateur, ça, j'aime! Je m'amuse à écrire sur un ordinateur parce que je peux facilement écrire et effacer. Il y a aussi beaucoup de trucs automatiques qui m'aident à me corriger, il y a Google pour mes recherches et aussi, je peux mettre de la musique.

Papa je suis vraiment désolé de t'avoir briser le coeur, pas une, mais deux fois. J'ai changé. Je me suis amélioré et je continue à chaque jour. Je t'aime papa.

Je suis très chanceux d'avoir des parents comme toi et maman. Je sais qu'il y a des enfants qui n'ont pas ma chance, certains n'ont pas des parents qui les aiment autant ou même pire, certains n'ont pas de parents du tout. Je me sens très mal pour eux. Tous les enfants devraient avoir le droit d'avoir des parents et d'être aimés, inconditionnellement.

Inconditionnellement est un nouveau mot que je viens d'apprendre. Ça veut dire que mon père et ma mère vont toujours m'aimer, même si je fais des erreurs.

Papa, je t'aime et je suis content que tu sois toujours là pour moi. Tu sais quoi? Je serai aussi là pour toi et maman. Non maman, je ne t'ai pas oubliée, toi aussi, je t'aime et je serai toujours là pour toi.

Je m'appelle William Bak, j'aime ma vie, j'aime mon père, j'aime ma mère. J'aime aussi mes quatre grands-parents et mes oncles et tantes.

Ceci est **PAPA, J'SUIS PAS CON,** le premier livre solo de William Bak. Bienvenu(e) aux Alphas.

"Depuis que j'ai arrêté de dire non, je ne suis plus con."
WILLIAM BAK

CHAPITRE 6

"JE NE SUIS PLUS UN POULET"

par WILLIAM BAK

Depuis que j'ai commencé à écrire, je me suis vraiment amélioré, dans tout: en écriture, avec la lecture et surtout en français. Je suis devenu un coeur de lion!

J'ai vécu une grande aventure avec mon père. Nos livres décrivent nos aventures et nos découvertes ensemble. J'ai été un poulet.

Les différents livres de poulets montrent en quelque sorte, mon évolution d'un stade à un autre. Comme dans un jeu vidéo, j'ai monté de niveau. Comme un Pokémon, j'ai évolué. Pour mon père, il comprend mieux quand on parle en termes de poulets.

Sérieusement, je suis très fier de moi. J'ai travaillé très fort pour devenir un coeur de lion, pas seulement un bébé lion, mais un lion sur le point d'entreprendre son envolée pour devenir un coeur de dragon. Pour comprendre cette histoire, je vous recommande de lire la trilogie des légendes des coeurs de Poulet, Lion et Dragon.

Croyez-moi, malgré la magie, ce n'était pas facile et c'était un très long chemin à parcourir. Il me reste encore un long chemin avant de pouvoir voler et de devenir un coeur de dragon, mais j'ai confiance, je peux le faire. En fait, avec ce livre, je crois que je commence à changer tranquillement en coeur de dragon!

Ce n'est pas facile de devenir un lion à 9 ans, encore moins un dragon. Être un poulet, ça, c'est facile. Même les bébés sont capables d'être des poulets. Mon père dit qu'il y a des adultes qui le sont encore, même quand ils ont évolué en Supers Poulets, ils sont encore des poulets.

Il faut s'ouvrir la tête et le coeur. C'est ce que je fais. J'ai ouvert mon coeur à mon père et on a écrit les livres de poulets ensembles. En écrivant, j'ai ouvert ma tête et j'ai appris énormément. Les périodes noires sont arrivées quand j'ai commencé à fermer ma tête (avec le livre de cuir) et finalement, mon coeur (avec FORNITE).

J'ai reculé un peu, mais avec l'amour inconditionnel de mon père, je suis revenu fort, plus fort. **Inconditionnel**, j'adore ce mot! Si le mot que j'ai souvent employé est "améliorer" dans le language de mon père, ça veut dire grandir. Ensemble, on dit évoluer.

Pour ceux et celles qui aimeraient devenir des coeurs de lions, je peux vous dire que ça m'a pris 4 ans, depuis que j'ai demandé à mon père d'écrire 2 livres avec lui, à l'âge de 7 ans. C'était le début de mon aventure.

Ma première leçon a été de trouver l'histoire à écrire. Le plus difficile était d'apprendre à attendre mon père. Je l'ai attendu pendant une année avant qu'on ne commence finalement nos aventures ensemble.

À 8 ans, on a commencé. La magie est arrivée parce que j'ai ouvert mon coeur et lui aussi. On a fait de la magie en écrivant 8 livres en un mois. Et, mon coeur a gardé l'intérêt de mon père quand je lui ai dit que je ne voulais pas qu'on n'arrête notre connexion magique.

Pour ceux qui pensent que c'est mon père qui me pousse, je peux vous le dire, vous vous trompez. C'est moi qui le pousse. Je n'ai pas toujours tous les mots pour m'exprimer, mais le mot connexion, c'est moi qui l'a mis sur la table. **Connexion** pour moi, **Coeur** pour vous et mon papa! J'étais un bébé lion, selon mon père.

Puis, je suis redevenu un poulet et même pire, un caca de poulet quand j'ai commencé à mentir. Et, à 8 ans, je suis entré dans ma première **période noire** alors que mon père m'a demandé de grandir et d'écrire par moi-même. Je me suis refermé. Ça a commencé avec ma tête et mon coeur a suivi, 2 ans plus tard, en plein COVID.

À 10 ans, j'étais encore pris en tant que Poulet et avec la magie partie, je ne suis pas arrivé à revenir à la connexion du Noël magique. Quand COVID est arrivé, j'ai cédé à la tentation et j'ai fermé mon coeur. Ça m'a fait très mal car je ne partageais plus la magie avec mon père. J'étais encore moins avancé que lorsque j'avais commencé à 7 ans.

Une chance qu'il y a l'amour inconditionnel et que mon père m'a tout pardonné. Il m'a même acheté un **PLAYSTATION 5** et un abonnement **PS NOW** alors que je ne le méritais pas. Il en a profité pour me pousser à créer mon propre show sur You Tube, **GAMEBAK**.

Bien qu'on a commencé **GAMEBAK** l'année précédente, c'était plus un test qu'un show. Avec l'arrivée de la nouvelle console **PS5** et des jeux **PS NOW**, maintenant j'ai un super show!

J'ai terminé les derniers livres de Poulets. D'ailleurs, le dernier, **POULET POUR TOUJOURS**, je l'ai traduit tout seul avec mon ordinateur. Ça, j'aime.

Mon père m'avait demandé d'écrire dans mon **livre de cuir.** Je ne sais plus où je l'ai laissé… Je n'ai pas cherché si longtemps et j'étais bien content de pouvoir écrire sur l'ordinateur.

J'ai 11 ans et mon père m'a demandé mon aide pour écrire ses derniers livres avant d'atteindre 100 livres écrits en 4 ans. J'ai participé à une entrevue **APOLLO protocol** où, alors que je pose des questions à mon père, ça le prépare pour écrire son livre.

Il était tellement content qu'il m'a laissé un chapitre dans ce livre-là: **TIMING, TIME MANAGEMENT ON STEROIDS**. Est-ce que je suis redevenu un coeur de lion? La question ne se posera plus quand j'aurai terminé ce livre, mon premier livre solo, écrit de mon ordinateur!

4 ans avec des hauts et des bas avant de pouvoir devenir un coeur de lion. Je ne suis pas un coeur de lion parce que mon père est un coeur de dragon, je suis redevenu un poulet quand j'ai

laissé tomber la balle. Pour grandir et devenir un coeur de lion et un coeur de dragon, il faut le vouloir et travailler très fort, même quand personne ne regarde!

Et ça, c'est ce que j'aimerai vous partager aujourd'hui. Ouvrez vos têtes et vos coeurs et vous allez grandir. Peut-être que cela vous prendra 4 ans, peut-être plus, peut-être moins.

Malgré mes 4 années, mon père dit que j'aurai fait le chemin plus vite que lui. Ça, je ne le sais pas, ce que je sais, c'est que dans quelques jours, j'aurai terminé mon premier livre en moins de temps que lui, en 9 jours au lieu de 14. 120 heures d'avance sur le Dr Bak!

Je suis fier de mon parcours et personne ne pourra m'enlever les efforts que j'ai faits. Toi aussi, tu peux avoir une aventure similaire. Fais-moi confiance et ouvre ton coeur et ta tête!

Je voulais devenir un coeur de lion, je ne me souviens même plus pourquoi. Aujourd'hui, j'ai un but, c'est de battre mon père! La magie est revenu encore plus fort qu'avant. La magie et le fun sont vraiment ce qui me motivent à pousser plus loin, à écrire le prochain et le prochain chapitre.

J'ai appris qu'écrire c'est quelque chose qu'on peut faire seul. C'est calme et c'est du temps pour relaxer en écoutant de la musique. Attends avant de dire quelque chose, essaie-le et tu verras par toi-même. C'est vraiment une belle expérience!

Je vous partage ce que j'ai appris avec mon père. Il est un record mondial d'écriture avec 100 livres écrits en 4 ans. Je suis aussi un record mondial parce que j'ai écrit avec lui à l'âge de 8 ans.

Dans quelques jours, je vais battre le Dr Bak, le record mondial, avec 5 jours d'avance! Et tu sais quoi? J'ai du fun pendant que je m'améliore. Oui, écrire a fait ça pour moi! C'est beaucoup plus que Fornite a fait pour moi!

J'ai appris qu'il y a des personnes jalouses peu importe ce qu'on fait, même quand on veut les aider. J'ai de la chance que je n'ai pas encore connu beaucoup de personnes jalouses de moi, mais j'ai vu beaucoup de jaloux de mon père.

Mon père, avec son coeur de dragon, continue comme si ces personnes n'existaient pas. Moi, je croyais qu'il allait les détruire, mais il m'a dit que ce sont les Super Poulets qui font ça, pas les Dragons.

Je suis tellement chanceux d'avoir le Dr Bak comme père. Il me montre le chemin pour devenir un coeur de lion et bientôt, un coeur de dragon.

Une dernière chose avant de partir, ma connexion avec mon père est indestructible pour autant que lui et moi, nous gardions nos coeurs ouverts. Pour ceux et celles qui aimeraient savoir comment créer une telle connexion, commencez par vous ouvrir, la tête et le coeur.

Je m'appelle William Bak, je suis un coeur de lion, je suis un Alpha. J'aime ma vie, j'aime mon père, j'aime ma mère. J'aime aussi mes quatre grands-parents et mes oncles et tantes.

Ceci est **PAPA, J'SUIS PAS CON,** le premier livre solo de William Bak. Bienvenu(e) aux Alphas.

"Depuis que j'ai arrêté de dire non,
je ne suis plus con."
WILLIAM BAK

CHAPITRE 7

"JE T'AIME PAPA"

par WILLIAM BAK

Depuis que nous avons commencé à écrire, mon père m'a donné beaucoup de trucs pour écrire mieux, pour écrire plus rapidement. Il m'a montré la structure du dragon avec ses 8 chapitres. J'aime faire 8 chapitres, ce n'est pas trop long et c'est assez pour conter une belle histoire.

Dans le livre, mon père m'a aidé à trouver le sujet de chacun des 8 chapitres. Dernièrement, j'ai aussi appris à écrire une conclusion. Oui, la fin de ce livre arrive à grand pas et je me prépare un peu à l'avance. Je veux vraiment terminer ce livre en 9 jours pour battre mon père! 120 heures d'avance sur son premier record mondial!

En plus de m'avoir aidé, il m'a beaucoup motivé lors de cette semaine intense d'écriture. À chaque fois qu'il corrige un de mes chapitres, il le rend plus beau, avec plus de détails. La magie arrive quand il me fait écouter la version livre-audio, un chapitre après l'autre!

Ce que j'aime beaucoup de mon père est qu'il fait les choses au fur et à mesure que j'écris. Je sens qu'on est une vraie équipe, seulement, cette fois-ci, c'est moi la vedette!

Mardi dernier, après l'école et le soccer, j'étais trop fatigué pour écrire mon chapitre. J'ai demandé à mon père si c'était ok si j'écris 2 chapitres le lendemain.

Il m'a souri et m'a répondu que c'était moi le capitaine! Je me sentais vraiment bien de pouvoir choisir mon propre horaire, d'écrire quand ça me plaît!

"Être la vedette, c'est être le capitaine.
On est important parce qu'on est responsable,
personne d'autre!"
William Bak

Maintenant que je prends le temps de partager ça avec vous, je me rends compte à quel point j'ai grandi en une semaine. Il me reste encore 2 jours d'écriture, mais je sens que j'ai changé. Mon père dit qu'avec ce livre, je vais commencer mes aventures pour devenir un **coeur de dragon**! J'aime trop mon père!

Bien sûr, je sais qu'il me reste encore beaucoup à faire pour devenir un coeur de dragon et que ça peut être aussi long, ou même plus long encore que de devenir un coeur de lion.

J'ai eu du bon temps à apprendre à devenir un coeur de lion. J'ai aussi connu des **périodes noires** de coeur de poulet, même de caca de poulet.

J'ai fait ce que je devais faire et maintenant je suis un coeur de lion! Le plus important est de continuer à apprendre et à évoluer. Ce que j'ai vraiment compris en vous partageant mon histoire est le sens du mot **ÉVOLUER**.

Pour évoluer, il faut d'abord reconnaître ses erreurs. Puis, il faut s'ouvrir, même quand c'est difficile. Je n'en ai pas parlé jusqu'ici, mais le plus difficile est de reconnaître ses erreurs.

Quand je le fais, les mots ne sortent pas aussi bien que d'habitude. Les mots qui débloquent tout, c'est **JE M'EXCUSE**.

Ce n'est pas facile, mais mon père, avec son amour inconditionnel, a toujours accepté mes excuses. Une fois que ça, c'est fait, le reste est plus facile à faire. Quand j'étais un caca de poulet et que je me suis refermé le coeur, j'ai perdu la connexion magique avec mon père.

Quand je lui ai demandé pardon, il m'a serré dans ses bras. Je me sentais beaucoup mieux. Puis, on a reconstruit ensemble, lui et moi, notre magie!

Le **PLAYSTATION 5** a beaucoup aidé, mais je tiens à le dire, on avait déjà reconstruit la magie avant qu'il ne me l'achète. Maintenant, quand j'y pense, je crois qu'il m'a acheté un **PLAYSTATION 5** parce qu'on partageait la magie, pas pour la créer.

Moi, je ne m'attendais pas à avoir un **PLAYSTATION 5** de toute façon, je voulais seulement être avec mon papa! Et il a fait que la vie soit encore plus belle!

Je n'ai plus jamais refermé mon coeur depuis. Ma tête, c'est comme-ci, comme-ça. Il y a des jours où ça va vraiment bien et j'apprends beaucoup. Il y en a d'autres où j'aurai dû resté au lit! Et à chaque fois que ma tête ne marche pas, je me souviens de ce que ma mère a dit à mon père.

"Pourquoi tu te frappes la tête
contre le mur en t'endormant?"
Tranie Vo

Ça veut dire que lorsqu'on est fatigué, on est mieux de se reposer et de s'amuser pour revenir plus fort et plus inspiré. Ça aussi, je l'ai appris en écrivant ce livre.

Mercredi soir, mon père m'a demandé si j'avais fini d'écrire mon chapitre 3? J'ai répondu, oui, bien-sûr. Et bien, quelque chose est arrivé avec mon ordinateur et je ne trouve plus le chapitre 3. À la place, je trouve 2 fois le chapitre 4!

J'ai passé la soirée à chercher dans mon ordinateur, mais *nada*! Le chapitre 3 que je sais que j'ai écrit, je ne le trouve plus! J'étais tellement frustré que je voulais crier! J'ai été voir mon père et lui non plus, n'a pas réussi à trouver mon chapitre.

Il m'a serré fort dans ses bras. Il était vraiment doux, mais moi, je sentais un volcan qui voulait exploser à l'intérieur. J'étais fâché, j'étais très frustré. Mon père m'a dit de ne pas pleurer! De quoi tu parles?! Je ne veux pas pleurer, je suis fâché! Et c'est là qu'il m'a dit d'aller m'essuyer le visage. Dans la toilette, j'avais les yeux mouillés.

Le lendemain, mon père m'a aidé à faire un plan pour terminer le livre à temps. Il est vraiment gentil et il m'encourage, même pour le battre, lui!

Après l'école, on a fait un plan et j'ai continué à écrire le prochain chapitre. Plus tard dans la soirée, j'ai recommencé le chapitre 3 que j'ai perdu. Ça n'a pas été facile, mais j'ai écrit les 2 chapitres.

La deuxième fois que j'ai écrit le chapitre 3, ça m'a pris plusieurs heures. Cette nuit-là, je me suis couché plus tard, mais je me suis couché satisfait et pas frustré.

Quand je me suis réveillé le lendemain, c'était une belle journée. J'avais congé d'école, c'était une journée pédagogique. Et bien, mon père aussi était en congé! Il m'a fait une surprise et m'a amené chez TOYS R US, le grand magasin de jouets.

Il m'a dit d'aller choisir ma grosse récompense pour la fin de mon premier livre. Dans les rayons, il y avait 3 Transformers que je n'avais pas encore. Je collectionne les Transformers et ces trois-là sont vraiment rares!

On a négocié un peu et mon père m'a acheté, pas un, mais les 3! C'est que ce j'espérais au fond de moi, un livre, c'est beaucoup de travail! Là, il me dit que je ne pourrais pas les ouvrir avant d'avoir terminé mon livre. Il me restait encore 2 chapitres à écrire et la conclusion.

Les 2 jours qui ont suivi, tout ce que je voulais, c'était d'avoir du temps pour écrire, même si c'était vendredi et samedi. Vendredi soir, j'ai terminé un 2e chapitre pour compenser celui que je n'avais pas fait mardi. Je n'étais pas fatigué du tout!

Le lendemain, samedi, ça a été un peu plus difficile. Pas par ma faute, oh que non. Mes parents et mes grands-parents ont prévu sortir pour aller marcher dans la montagne.

Ils voulaient visiter un temple à 2 heures de route. Je n'ai rien dit, mais je devais terminer mon livre. Je suis parti avec mon ordinateur portable. Je vais écrire là-bas quand ils prendront des photos.

Et c'est comme ça que mon père m'encourage et me motive. Je le sais, mais, en écrivant ces mots pour partager avec vous, je le sens encore plus. La magie, c'est l'amour inconditionnel de mon papa! Inconditionnel, j'adore ce nouveau mot!

Je suis très gâté d'avoir un père qui m'encourage et m'apprend autant. Il m'enseigne et c'est l'fun, avec des Transformers!

Ça, ça marche bien avec moi. Plus petit, c'est comme ça qu'il m'a montré à nager. Pas à nager dans l'eau, ça, c'est ma mère qui m'a montré. Mon père m'a montré à faire des longueurs dans la piscine, toujours plus de longueurs.

La première fois que j'ai fait 80 longueurs, ma collection de Transformers a explosé! Il m'en a tellement achetés!

Si vous avez des enfants, essayez ce truc avec eux, ça marche vraiment bien! Je sais que ça va coûter cher après avoir payer le gouvernement la moitié de votre argent et en plus de payer les taxes sur les jouets, mais ça fait une grande différence sur votre enfant!

Regardez-moi, j'écris des livres depuis que j'ai 8 ans et aujourd'hui, je suis entrain d'écrire un chapitre un jeudi soir alors que ma mère dort déjà! Ce n'est pas de la motivation, ça?

"Tu peux avoir tout le talent du monde,
mais sans motivation, tu ne fais rien!"
William Bak

C'est ce que j'ai appris avec mon père. Plus que d'écrire des livres et de conter de belles histoires, j'apprends à me motiver à courir vers ma prochaine aventure.

Écrire pour vous conter ce que j'ai fait, comme dans ce livre-ci, ou où je vais aller, comme dans les livres de poulets. Dans les 2 cas, c'est magique! Donc, oui, j'aime beaucoup mon papa.

J'adore mon papa,
Même si certains jours, il m'énerve.
Je l'aime parce qu'il me considère comme un adulte,
Même quand je suis encore un enfant.

Je l'aime parce qu'il m'encourage beaucoup,
Même quand je suis perdu.
Je l'aime parce qu'il me gâte beaucoup
Et non, ça, ce n'est pas un défaut.

J'aime mon père parce qu'il fait de la magie et qu'il me montre ses trucs! C'est fou, même quand je connais son truc de magie, ça marche encore sur moi. Je peux même dire que ça marche mieux que jamais, maintenant que j'ai bien compris son truc!

Il m'achète des jouets pour me motiver. Lui, il appelle ça des outils. Mon père a lui aussi beaucoup d'outils! Il a des ordinateurs, plus que un, il a ses caméras, son piano et ses lumières. Il a aussi beaucoup de micros. Il me gâte et il se gâte beaucoup.

Il gâte aussi beaucoup ma mère, mais pour elle, c'est avec des vêtements, des bijoux, d'aller dans des restaurants chics, et bien sur, de voyager. Ma mère adore voyager.

En fait, mon père gâte tous les gens qu'il aime. Il gâte tout le monde, mais je crois que je suis le plus gâté, et de loin! Je suis son préféré! Je t'aime papa!

Vous voulez avoir une autre histoire? Ok, ce n'est pas vraiment une histoire, mais je vais vous la dire quand même. On a commencé à écrire des livres ensemble alors que j'étais nul en français.

Pour ça, on a multiplié par 2 nos livres. Mes notes ont monté, mais pas assez. Puis, il y a eu le COVID. Lui, il m'énerve vraiment!

Enfin, je dois faire mon admission dans les écoles secondaires. J'aimerai aller où Dr Bak est allé, au Collège Jean-Eudes, mais pour entrer dans cette école, c'est très difficile.

Et bien, mon père a écrit une lettre pour me présenter à l'école et leur dire qu'en plus de mon bulletin, j'ai aussi écrit des livres. Ils ont répondu!

Je dois toujours étudier très fort pour être prêt à faire l'examen d'admission, mais maintenant, je suis super motivé. C'est très encourageant parce que je sens que le Collège Jean-Eudes vient de me souhaiter le bienvenu!

C'est aussi comme ça qu'écrire des livres m'aide dans ma vie de tous les jours. Encore une fois, papa, merci mille fois!

Ceci est **PAPA, J'SUIS PAS CON,** le premier livre solo de William Bak. Bienvenu(e) aux Alphas.

"Depuis que j'ai arrêté de dire non,
je ne suis plus con."
WILLIAM BAK

CHAPITRE 8

"J'AIME VOYAGER"

par WILLIAM BAK

Bon, c'est le dernier chapitre du livre. Je suis sûr que vous pouvez sentir ma joie et ma satisfaction de terminer mon premier livre, en battant mon père. Bien sûr, je vais ouvrir mes jouets, mais je ne sais pas ce qui est le plus excitant: de finir mon premier livre, de battre mon père ou d'ouvrir mes jouets?

Et bien, ce qui est vraiment cool est que je me fous de la réponse! J'ai les 3! Je vais bientôt finir mon premier livre solo, je sais que je vais battre mon père et les jouets, je les ai même amenés avec moi dans la montagne.

Je vous avais dit que mes parents et grands-parents se sont donnés rendez-vous avec mon oncle pour aller marcher et prendre des photos dans la montagne. Et bien, moi, j'ai trouvé de l'ombre en bas d'un arbre et j'ai commencé à écrire.

Il n'y a pas d'internet ici et mon ordinateur ne veut pas fonctionner. Mon père m'a prêté son iPhone pour que je puisse écrire mon dernier chapitre comme prévu.

Je préfère écrire sur mon ordinateur, mais bon, j'ai un chapitre à finir! Encore une fois, ma motivation me surprend moi-même! Papa, tu es vraiment bon pour motiver les gens!

Regardez-moi, alors que tout le monde se promène et prend des photos, moi, je suis entrain d'écrire. Ce n'est pas moi. Ça, c'est plus le genre de mon père de travailler tout le temps!

On est dans la montagne parce que depuis le COVID, on ne peut pas vraiment voyager. Ça manque à mon père, à ma mère et aussi à mes grands-parents. Il y a quelques jours, j'ai entendu mon père dire à ma mère qu'il aurait aimé voyager pour fêter ses 100 livres, aller quelque part en avion et en bateau.

Moi, aussi, j'aurai aimé voyager. Ça me manque beaucoup. Surtout que depuis que je me suis ouvert l'esprit et que j'essaie de manger de nouvelles choses, voyager est super fun. C'est comme ça que toute la famille est heureuse.

Comme mon père l'a dit, pour garder ma tête ouverte, le plus facile est d'ouvrir ma bouche. Pas pour parler, mais pour manger, pour essayer des nouveaux trucs. Et aussi, quand on voyage, mon père m'achète des jouets...

Ok, on ne peut plus voyager pour l'instant. Ce que j'aime du COVID, oui, il y a tout de même quelque chose de bon avec le COVID, c'est la re-connexion entre mon père et moi.

J'ai 11 ans et je ne suis pas vacciné. Mes parents et grands-parents le sont tous. À cause de moi, il ne peuvent pas voyager à l'extérieur du Canada.

Mon père a dit: "Pas de problème, le Canada est grand!"

On a prit l'avion le mois dernier pour aller à Vancouver pour visiter et tourner **COVIDCONOMICS**. À Vancouver, j'ai découvert le BBQ coréen, spécialement le boeuf! J'ai trop adoré!

Parce qu'on voyage maintenant, je suis entrain d'écrire ces mots sur le iPhone de mon père. Je ne sais pas comment il a réussi à écrire plusieurs livres comme ça, c'est plus difficile que d'écrire sur un ordinateur.

Bon, on s'adapte, c'est tout! Si seulement j'avais su, je n'aurai pas trimbalé mon ordinateur tout le long… on marche quand même en montagne!

C'est un excellent exemple pour savoir pourquoi il est important de voyager: ça nous garde ouvert à nous adapter. Je n'aime pas changer, ce que j'aime c'est d'évoluer. Et quelle est la différence entre changer et évoluer?

Je n'ai pas la réponse à celle-là, et mon père n'est pas là pour que je lui pose la question. Si je n'ai pas de réponse, c'est que c'est la même chose. Donc, je ne peux pas aimer évoluer et ne pas aimer changer en même temps. Ça ne fait pas de sens!

"J'évolue et je change. C'est logique."
William Bak

J'ai vraiment hâte de pouvoir voyager de nouveau. Oui, je vais m'ouvrir la bouche et essayer des nouvelles nourritures, oui je vais dire OUI plus souvent que NON, et oui, je vais évoluer!

J'ai 11 ans et ma mère m'a fait remarqué la chance que j'ai d'avoir vu le monde. J'ai voyagé beaucoup aux États-Unis. J'aime New York city, j'aime Miami, j'aime aussi Los Angeles, Las Vegas et Disney.

J'ai aussi voyagé à Cuba, à Punta Cana, en République Dominicaine et aussi à Cancun, au

Mexique. Là, on va toujours dans des très grands hôtels avec la plage et des piscines géantes.

J'ai aussi été en France, à Paris, à Londre, le pays de Harry Potter et de James Bond, le pays qui s'appelle l'Angleterre. On est aussi allé à Rome où les gladiateurs et les papes se battent. Là, il y a plus d'églises que n'importe quoi d'autres.

J'ai aussi visité l'Espagne et le Maroc, la Chine et Vancouver. Mais Vancouver, ça ne compte pas, c'est au Canada!

Quand on voyage, on prend l'avion, le bateau et des fois, même le train. J'aime les avions, mais je n'aime pas qu'on doit garder un masque pendant tout le vol.

Les bateaux, ça c'est ma façon préférée de voyager, en croisière. C'est un très gros bateau qui est un super gros hotel avec beaucoup de piscines, des restaurants et des magasins. Il y a aussi beaucoup d'activités pour les enfants et les jeunes!

Oui, je suis très chanceux. Je suis chanceux parce que j'ai vu et goûté à beaucoup de pays différents. Je suis encore plus chanceux d'avoir des parents comme les miens, Dr Bak et Tranie Vo, un papa extraordinaire et une maman super belle et fine! Elle est aussi une superbe cheffe!

Pendant le COVID, voyager m'a manqué, mais avec mes parents, on a trouvé d'autre façon de garder la magie vivante et de rire tout le temps! Et c'est ça l'important, de rire!

"Papa, est-ce que rire et être ouvert sont reliés?"
William Bak

Je lui poserai la question quand il reviendra. Pour l'instant, ceci conclut mon dernier chapitre sur le voyage! Je suis vraiment fier de moi, j'ai écrit en voyageant, même quand mon ordinateur ne marchait pas!

Je m'appelle William Bak, j'aime ma vie, j'aime mon père, j'aime ma mère. J'aime aussi mes quatre grands-parents et mes oncles et tantes.

Ceci est **PAPA, J'SUIS PAS CON,** le premier livre solo de William Bak. Bienvenu(e) aux Alphas.

"Depuis que j'ai arrêté de dire non,
je ne suis plus con."
WILLIAM BAK

CONCLUSION

par WILLIAM BAK

Wow, c'est vraiment la première fois que je fais un livre tout seul. Ça ne m'a seulement pris qu'une heure pour écrire le premier chapitre et, un peu plus d'une semaine pour le reste du livre. C'est incroyable, je me sens cool d'avoir écrit mon premier livre à 11 ans.

Ce livre, je l'ai écrit avant que mon père ne le corrige. Je l'ai écrit de mon ordinateur portable et j'ai même écrit un chapitre sur le iPhone de mon père parce qu'on voyageait et que je ne voulais pas prendre du retard.

Oui, j'ai écrit mon premier livre solo en 9 jours, soit 5 de moins que mon père lorsqu'il a écrit son premier livre. C'est 120 heures de moins que lui! Cette histoire là, je vais la conter et la re-conter très souvent!

Pour le gros du livre, je l'ai écrit assis à mon bureau avec mon ordinateur à écouter ma musique. Ça passe bien d'écrire un chapitre par jour, sauf quand j'ai dû écrire 2 chapitres dans la même journée. Là encore, ce n'était pas si dur, grâce à la motivation que mon père m'a donnée (les transformers).

Ceci est ma conclusion et je vais la finir bien avant minuit! Papa je ne suis pas con, mais cool! Je suis sûr que les cons ne peuvent pas écrire des livres!

Bon, qu'est-ce qu'on a vu ensemble? Dans le chapitre 1, j'ai partagé avec vous comment toute cette aventure a commencé. Des livres de poulet au dragon, en passant par le caca de poulet.

Dans le chapitre 2, j'ai eu l'occasion de dire tout ce que je n'aime pas de mon père, le Dr Bak. Il peut m'énerver avec ses questions et sa face de bébé lala! Malgré tout ça, il est un super papa et je vais toujours l'aimer.

Au chapitre 3, celui que j'ai du écrire 2 fois, on a parlé d'ouverture, OUI versus NON. C'est en ouvrant la bouche à essayer de manger des nouveaux trucs et en voyageant que je me suis ouvert. Chef Gordon Ramsay a aussi beaucoup aidé.

Dans le chapitre 4, j'ai parlé de moi et de mes ratés. Je vous ai partagé comment je me suis amélioré et ce que j'ai fait pour y arriver. Aujourd'hui, je comprends, parle et écris autant en français qu'en anglais.

Dans le chapitre 5, on a couvert mes 2 périodes noires, où je me suis fermé, la tête puis le coeur. J'ai dû faire face à mes erreurs et re-apprendre à devenir un coeur de lion.

Le chapitre 6 est la belle histoire de comment, d'un caca de poulet, j'ai remonté les marches pour redevenir un coeur de poulet, un coeur de lion et bientôt, un coeur de dragon.

Le chapitre 7, je le donne à mon père. C'est vraiment lui qui a été mon inspiration et le magicien dans mon histoire. Je l'aime, même si certains jours, il peut m'énerver!

Enfin, au chapitre 8, je vous ai partagé comment je me garde ouvert sur le monde, en voyageant. C'est ce qu'on a fait dans ce livre, on a voyagé ensemble. J'espère que vous avez apprécié autant le voyage que moi!

Et voilà, j'ai fini! Je suis fier de vous et je suis encore plus fier de moi! J'ai terminé mon premier livre solo en 9 jours, en battant mon père, le record mondial d'écriture, et je dois maintenant aller ouvrir mes 3 transformers!

Ce livre, même si c'est mon nom qui est en page couverture, je ne l'ai pas fait seul. Mon père m'a beaucoup aidé.

Non seulement il a corrigé mes textes, mais il a aussi embellit mes textes de 500 mots en des fois plus de 1000 et même 2000 mots. Merci encore papa, je sais que tu n'as jamais dit que j'étais con, c'était seulement pour le titre du livre. Ou, étais-tu juste trop poli?

J'ai 11 ans et ceci est mon premier livre solo, **PAPA, J'SUIS PAS CON**! Et pour la suite? Je vais prendre une pause et on verra demain. Je suis ouvert à la vie!

Je m'appelle William Bak, j'aime ma vie, j'aime mon père, j'aime ma mère. J'aime aussi mes quatre grands-parents et mes oncles et tantes.

Ceci est **PAPA, J'SUIS PAS CON,** le premier livre solo de William Bak. Bienvenu(e) aux Alphas.

"Depuis que j'ai arrêté de dire non,
je ne suis plus con."
WILLIAM BAK

Du Canada, **William Bak**, est un jeune prodige de 11 ans. À l'âge de 8 ans, il a co-écrit une série de livres pour enfants avec son père, le Dr Bak. Père et fils, ensembles, ils changent le monde, un esprit à la fois, en écrivant des livres pour enfants. William a, jusqu'à présent, co-écrit 28 livres.

Il a co-écrit les 11 livres de poulet en ANGLAIS, puis il a dû les traduire lui-même en FRANÇAIS. C'est ainsi qu'il a 22 livres de poulet. William a également co-écrit 2 livres sur l'éducation des enfants avec son père, **THE BOOK OF LEGENDS** volume 1 et 2. Le volume 3 est en cours d'écriture. En pleine crise sanitaire mondiale, William a de nouveau joint forces avec son père pour écrit un livre sur la vaccination, cette fois-ci encore, dans les 2 langues.

Pour promouvoir ses livres, William a embrassé la scène pour la première fois en 2019 pour parler à une foule de plus de 300 personnes. Depuis, il est apparu dans de nombreuses entrevues pour parler de ses livres et projets à venir.

Au milieu du COVID, il s'est ennuyé et a commencé son YOUTUBE CHANNEL: **GAMEBAK**, passant en revue les jeux vidéo. Fin 2020, il a rejoint les ALPHAS en tant que plus jeune animateur du prochain mouvement mondial, **COVIDCONOMICS**, dans lequel il donnera son point de vue et accueillera les opinions de sa génération.

> "Je vais vous montrer. Je ne vais pas vous forcer.
> Mais je ne vous attendrai pas."
> - William Bak & Dr. Bak

En Écrivant avec son père, William détient des records du monde à officialiser:

- Le plus jeune auteur qui a écrit dans 2 langues
- Co-auteur de 8 livres en un mois
- Le premier enfant à avoir écrit 24 livres pour enfants

UAX

ULTIMATE AUDIO EXPERIENCE

Une nouvelle façon d'apprendre tout en se divertissant grâce aux films-audio. UAX est plus qu'un livre audio, ils ont été conçus afin de stimuler l'imaginaire afin de garder l'intérêt du public, même des gens visuels. Les UAX ont été conçus pour divertir tout en conservant le caractère éducatif des livres. Les film-audio UAX sont les blockbusters de l'univers des livres Audio.

La bibliothèque du Dr. Bak sera rendue disponibles en format UAX au cours des prochains mois. Des négociations sont aussi entamées pour ouvrir le format UAX à tous les auteurs désirant élargir leur audiences.

Découvrez l'expérience UAX dès aujourd'hui en streaming sur Spotify, Apple Music ainsi que chez tous les grands distributeurs de musiques digitales.

C O M B O
PAPERBACK/AUDIOBOOK
ACTIVATION

Please register your book to receive the link to your audiobook version. Register at:
https://baknguyen.com/papa-registry

www.DrBakNguyen.com

MILLION DOLLAR MINDSET

ÉDUCATION DES ENFANTS

TITLES AVAILABLE AT

www.DrBakNguyen.com

AMAZON - BARNES & NOBLE - APPLE BOOKS - KINDLE
SPOTIFY - APPLE MUSIC

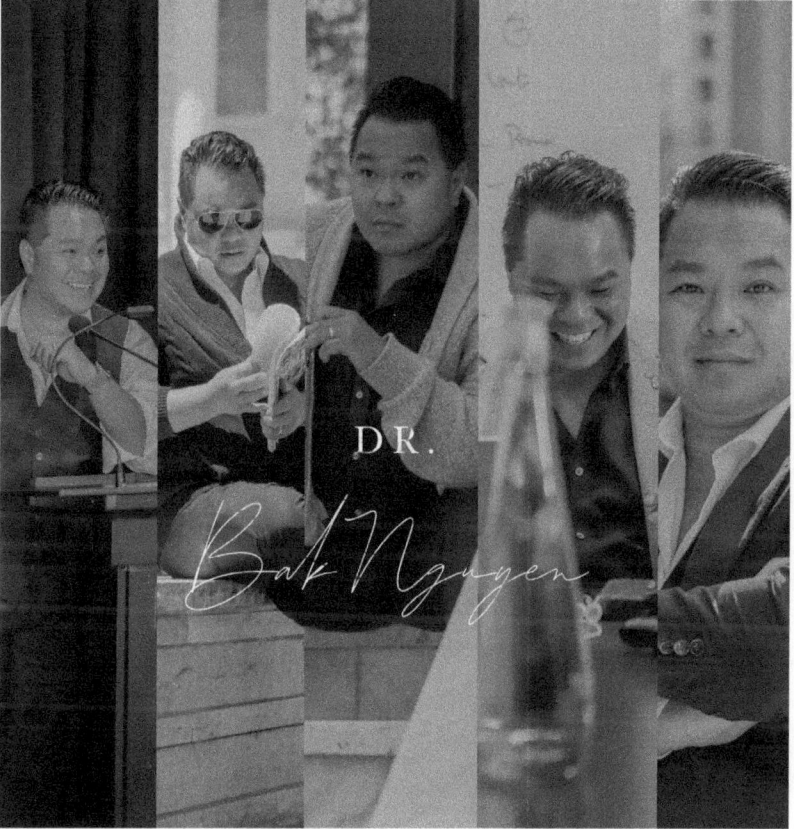

DR.
Bak Nguyen

www.ingramcontent.com/pod-product-compliance
Lightning Source LLC
Chambersburg PA
CBHW060144100426
42744CB00007B/897